Antoine-Vital Mbadu Kwalu

Cantiques du pèlerin

Antoine-Vital Mbadu Kwalu

Cantiques du pèlerin

En cinq motions de l'Esprit

Éditions Croix du Salut

Imprint
Any brand names and product names mentioned in this book are subject to trademark, brand or patent protection and are trademarks or registered trademarks of their respective holders. The use of brand names, product names, common names, trade names, product descriptions etc. even without a particular marking in this work is in no way to be construed to mean that such names may be regarded as unrestricted in respect of trademark and brand protection legislation and could thus be used by anyone.

Cover image: www.ingimage.com

Publisher:
Éditions Croix du Salut
is a trademark of
International Book Market Service Ltd., member of OmniScriptum Publishing Group
17 Meldrum Street, Beau Bassin 71504, Mauritius

Printed at: see last page
ISBN: 978-613-7-37236-4

CANTIQUES DU PÈLERIN

—

EN CINQ MOTIONS DE L'ESPRIT

ANTOINE-VITAL MBADU KWALU

Texte de « Cantiques du Pèlerin » mis à jour
à Namur, le 8 décembre 2019
En la fête de l'Immaculée Conception.

Dans ce texte j'exprime ma foi, mon espérance
Et mon amour pour Dieu Père, Fils
Et Esprit Saint. !

DEDICACE

À tous les craignant-Dieu
Qui ne savent pas bien prier
Avec la Parole de vie,
De vérité et de salut.

À ceux qui cherchent Dieu !

Préambule

J'avais envie de dire un jour au Seigneur que prier est difficile, car souvent les mots pour le faire me manquent. J'ai constaté que chez beaucoup d'hommes et de femmes il n'y a pas assez de silence intérieur, ainsi la prière ne peut trouver sa place dans un monde tant sollicité par trop de mirages et de plaisirs sans lendemain. Noyé que je suis comme tant d'hommes par des soucis de la vie de toutes sortes, je ne pouvais qu'en constater les dégâts funestes en mon âme !

Que faire alors ? C'est alors que j'ai eu envie de me taire devant Jésus et de l'entendre me dire tout ce qu'il a à me dire. Il a su me provoquer et voilà le résultat : les quelques lignes qui suivent. Rien d'autre qu'un dialogue avec l'invisible, mais présent et au cœur de nos vies. La parole du Seigneur a laissé en moi un sentiment de confiance et de sécurité. J'ai pu lui balbutier le peu d'amour, de foi et d'espérance que son amitié a fait naître en moi.

Ce que j'écris ici est le cri du cœur de celui qui craint Dieu et qui cherche à le rencontrer au carrefour des chemins et de la vie. Il est vivant pour l'âme qui le cherche. La parole de Dieu est vie, vérité et salut.

Dans l'expérience si profonde dont j'ai été gratifié depuis de longs mois, j'ai compris combien le Seigneur est l'ami des humbles, des petits et des pécheurs repentants. Par ces cantiques, chacun aura la possibilité d'y retrouver et entonner son cantique spirituel pour la louange du Dieu trois fois saint, Père, Fils et Esprit-Saint. L'homme qui croit et qui aime, est comme ce pèlerin qui va son chemin ; long et pénible, en quête du bonheur et de la sainteté de Dieu.

La vie et les hommes sont là pour moi et avec moi. Que de sentiments contradictoires dans lesquels seul Dieu vient mettre de l'ordre. Voilà pourquoi sans chercher les mots, j'ai écrit ce que Jésus le Fils du Père a bien voulu m'inspirer par son Esprit, chaque fois, un dimanche, entre deux messes. Cela justifie pourquoi dans cette première série je termine par porter mon regard sur « l'Agneau de Dieu ».

Le prêtre a le privilège de montrer au peuple croyant cet Agneau immolé qui enlève le péché du monde. En célébrant l'eucharistie, prière par excellence de l'Eglise pèlerine, les chrétiens sont invités au banquet de l'Agneau saint et sans tache.

Les « **Cantiques du Pèlerin** » ne sont pas destinés, en principe, à un large public, car ils sont d'abord prioritairement réservés à tous ceux et toutes celles qui désirent adhérer à notre vaste mouvement spirituel et fraternel autour du Christ ressuscité, cet « Agneau de Dieu qui enlève le péché du monde », tel que Jean-Baptiste l'a proclamé à ses disciples. Les « Cantiques du Pèlerin » peuvent cependant aider tout orant et tout croyant qui cherchent à mieux aimer Dieu et son prochain, dans une dynamique pascale.

Le texte de ces « Cantiques du Pèlerin » m'a été comme dicté par l'inspiration divine, et je n'ai fait que saisir à l'ordinateur de ce qui m'était donné, sans fournir d'efforts, dimanche après dimanche, d'avril à juin 1997, à Bollendorf, en République Fédérale d'Allemagne.

Après relecture, il m'est apparu plus intéressant de présenter ces cantiques en cinq motions de l'Esprit. Cela montre mieux l'unité du texte et la progression du message qui m'a été livré afin de le transformer en une invitation à créer un mouvement spirituel, pouvant aller jusqu'à la fondation d'une société de vie apostolique pour des personnes désireuses de se consacrer au Seigneur, à savoir dans la Famille des Messagers de l'Agneau.

En la fête de saint Benoît, 11 juillet 1997.

Témoins de la joie pascale et stimulés par l'enthousiasme des apôtres au jour de *la Pentecôte*, les Messagers veulent apparaître au monde renouvelés, différents, libérés de crainte, de pusillanimité et de tiédeur. Hommes et femmes debout, soyons des prophètes, des veilleurs dans la nuit. « N'attristez jamais l'Esprit Saint, dont Dieu vous a marqués comme d'un sceau pour le jour de la délivrance. » (Ep 4,30 ; 4,29 et 31-32). Ainsi, l'Eglise africaine, notre Eglise, pourra apporter, à coup sûr, du neuf aux noces de l'Agneau. Nous espérons y apprendre, si nous en sommes dignes, le cantique de l'Agneau réservé aux rachetés de la terre (cf. Ap 14,3).

Première motion
L'Envie de te prier, Seigneur

« O Dieu, mon Dieu,
C'est toi que je cherche dès l'aurore
Mon âme a soif de toi »
« Ps 63(62) »

Premier cantique

J'ai envie de te prier,
Simplement pour être là,
Devant toi, Père,
Créateur du ciel et de la terre.
Pour te dire Merci de cette envie
Que tu me donnes
De me tourner vers toi
O mon Dieu, mon libérateur.
J'ai vraiment envie de te prier
Pour te dire, comme un enfant,
La joie qui inonde mon cœur
À cause de cette envie de te prier,
Dieu très bon et très patient
Pour nous tes créatures

J'ai envie enfin de te prier
Parce que tu fais naître cette envie
Au fond de mon cœur.
Ainsi je viens pour te louer,
Et te contempler sans discours,
Comme un enfant,
Tout contre sa mère.

Deuxième cantique

De t'écouter, toi,
Parole éternelle du Dieu vivant,
J'ai envie sans plus attendre.
Ta parole est vérité et salut.
Tu partages l'amour de ton Père
A tous ceux qui,
Dans la désespérance et la peine
Le cherchent auprès de Toi,
Jésus notre Maître et notre Frère.
J'ai envie de te prier
Pour connaître la volonté
De ton Père et notre Père,
De ton Dieu et notre Dieu.
J'ai envie d'emprunter avec toi,
Le chemin de l'obéissance
Qui me libère de mes prisons,
De mes idoles cachées, innombrables.

J'ai envie de te prier, Jésus-Christ,
Fils bien-aimé du Père,
Né avant tous les siècles,
Toi l'ami des pauvres,
Des petits et des humbles,
Toi si proche des personnes âgées,
Les vieillards de toutes conditions.

Tu consoles tous les affligés
Et sauves les opprimés.
A qui désespère tu rends la vie,
Tu soignes veuves et orphelins,
Tu te charges des personnes seules.

Troisième cantique

Oui, au carrefour des solitudes,
Tu es le compagnon qui veille ;
Tu es l'Ami, toi le crucifié
Qui panse les plaies du pécheur.

Lumière sans prix, tu éclaires nos ténèbres.
Crée pour moi, si tu veux,
Une communauté de vie et d'idéal ;
Ainsi je rebondirai comme le cerf.

J'ai envie de te prier, Seigneur,
Comme tu me l'as appris :
J'invoquerai le nom du Père des cieux.

Dans la prière je veux t'aimer,
Et d'être là avec toi, près de toi
Maintenant, partout et toujours :
Je le veux.
Mais loin de toi, je ne suis plus,
Je ne suis rien.
Et mon Envie, c'est toi, Seigneur !

Esprit de sainteté et de sagesse ;
J'ai envie de te prier, guéris-moi,
Toi qui combles ma pauvreté,
Et arroses la sécheresse
De mon âme meurtrie
Par l'âpreté de l'existence.
Toi, Energie divine, mon Sauveur,
Redonne vie en moi,
Je suis vidé,
Relève-moi pour reprendre la route,
Nourris-moi, abreuve-moi de ton miel.

De te célébrer, ô Dieu Créateur, j'ai bien envie.
Je fredonnerai pour toi
Un cantique d'enfant.
Esprit de paix, Esprit d'amour,
Vois mes jours s'effilocher
Et disparaître dans l'abîme
Du temps insaisissable et fugitif.

J'ai envie de te dire d'arrêter le temps :
Mets fin à l'angoisse qui ronge mes os,
À la détresse qui m'accable.
N'as-tu pas pitié :
Triste, le jour se meurt,
Et la nuit arrive, privée d'étoiles.

J'ai besoin de toi, Esprit-Saint.
Toi qui intercèdes si généreusement
En des gémissements ineffables.
Pour les saints de Dieu,
Tous amis et frères de Jésus.
N'attends donc plus,
Viens à mon secours !

Toi, Force et Présence éternelle
Tu renouvelles
Et tu transformes le monde.
Après la cité terrestre,
Fais-nous voir la Terre promise,
La Cité céleste des béatitudes
Et d'amour céleste,
Cité où sont préparées des places
Offertes à ceux qui proclament
Le nom de Jésus,
Le Seigneur au-dessus de tout nom,
Au ciel et sur la terre.
Je le confesse aujourd'hui,
En confessant aussi ma conduite.

Mes lâchetés si innombrables,
Je viens te les avouer :
Tu sais !
J'ai perdu mon amour d'antan !
J'ai pourtant envie de vaincre
Et manger le fruit de l'arbre de vie
Du royaume de Dieu grâce au feu
Que tu allumes en mon cœur.

Que de souffrances
Au milieu des humains !
Tu sais,
La tentation m'a terrassé,
Pourtant j'ai bien envie
De Te rester fidèle
Pour attendre du ciel
La couronne de vie,
Grâce à toi,
Esprit purificateur.

Egarements troublent mon cœur :
Considère, avec miséricorde,
Ton serviteur.
Il a prêté attention
À une voix étrangère,
Séduisante et fallacieuse,
Bien contraire à ton amour.
De rester fidèle à ton service,
J'ai toujours envie !

Quatrième cantique

J'ai envie, une folle envie
De n'aimer que toi mon Dieu,
En aimant ta création si splendide,
Si merveilleuse, si généreuse
Dans son éternelle jeunesse.
Tous ceux de ma condition
Près de moi,
Je les aimerai toujours avec tendresse.
J'ai envie de te dire mille mercis
Pour ceux qui m'aiment, en ton nom,
Simplement comme je suis.
J'ai envie de prier, Seigneur,
De voir le monde se tourner vers toi,
Vivant de justice, d'amour et de paix,
De solidarité fraternelle et de respect,
Les plus forts aidant les plus faibles
Pour le bonheur de tous en ce monde.

Je veux crier mon envie
D'être avec les personnes
Abandonnées seules
Sur le chemin de cette vie,
Les accompagnant
Pour les mener vers Toi.

Ne tarde plus, ô mon Dieu,
Viens visiter le désert

De mon cœur et de ma vie,
Désert dans lequel je traîne le pas,
Désert à la route d'épines et de ronces.

Visite mes nuits arides et la grisaille
De mes jours
Qui me b fait perdre la force.
Et toi, Marie, Mère de Jésus,
Aurai-je tort de crier vers toi,
N'est-ce pas que tu es ma Mère,
« *Mama ya Luzingu* » - Mère de la Vie !

JE NE SAIS PAS PRIER

« Seigneur, je ne sais pas prier. (…)
Un grand vide est en moi.
[2]Dans le silence de cette église je réalise, que face à toi,
les mots ne sont que des mots.
Seigneur, toi qui me sondes
Jusqu'au plus profond de mon être,
Tu vois le cœur de mon cœur
Et tout ce qu'il contient de beauté
Mais aussi de faiblesse et de péché.
Je ne peux rien te cacher.
Tout juste, puis-je humblement
Te demander pardon et t'écouter me dire
Que je suis ton enfant maintenant et pour l'éternité. »

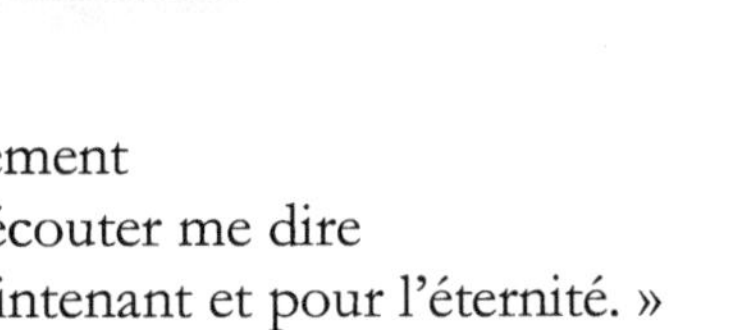

Humilité

L'expérience spirituelle est faite de moments arides ou de « nuits obscures ». Reconnaître devant Dieu que l'on est démuni dans la prière est déjà un acte de libération. Dans la foi, ce constat d'impuissance conduit, par l'humilité, aux profondeurs de l'être, là où l'Esprit parle à notre cœur (Prière de Jean-Pierre Snyers, religieux).

Deuxième motion
J'ai honte, Seigneur.

« Le passereau même a trouvé une maison,
Et l'hirondelle un nid pour elle,
Où elle pose ses petits »
« (Ps 84,9) »

Cinquième cantique

J'ai honte de me plaindre
Et de me lamenter, Seigneur.
Au bord des fleuves Congo et Loango,
J'étais assis et pleurais,
Me souvenant de toi, Seigneur,
Qui habites là-haut, loin de nous !

Sur une terre étrangère,
Peut-on chanter un cantique de joie ?
Il ne peut enfanter, dit l'adage,
Le perroquet en exil.

Pour toi, cependant, j'entonnerai
Un cantique d'allégresse.
Mais dis-moi, quand même,
Où reposer la tête ;
Car même les renards ont des tanières
Et les oiseaux du ciel des nids.
Seigneur, tu m'entraînes

Où tu demeures
Dis-moi qui je suis pour errer ainsi !
Car le passereau même
a trouvé un logis.
Et toi tu me réponds : *« Viens et vois »*.
Je suis venu, mais je n'ai rien vu.
Je te prie d'ouvrir mes yeux
Afin que je voie !

« Effatal ! ». Crie-le pour moi.
Et je verrai ta lumière, si tu veux.
Au carrefour des chemins,
Ce fut difficile pour Joseph
De négocier son virage pour prendre
L'autoroute du Levant
Pour être habité ainsi
Par ton Esprit de lumière.

Amour, Paix et concorde,
Pardon et Réconciliation :
Qui leur annoncera
Cette bonne nouvelle ?
Pour eux, tout est opaque
Comme dans une forêt vierge,
Sauvage et hostile.

Même la nature a cessé de leur sourire
La nuit passée à la belle étoile,

Tous à la merci des intempéries,
Exposés au danger des guêpes,
Des scorpions et des moustiques.
Qui oserait, finalement, se vanter
D'être à l'abri d'une visite nocturne
Des reptiles volant dans leur domaine ?

Créateur de toutes choses,
Vois si l'étranger est bien considéré,
Et le mendiant dans l'errance,
Sans logis, Qui l'épargnerait ?

Indifférence, dédain et mépris ;
Voilà le sort qu'on lui réserve.
L'exilé a cessé d'exister,
Il n'est bon qu'à l'opprobre, tu le sais,
Couvert d'injure et d'humiliation.

A peine au passage s'en trouve-t-il un
Pour lui offrir l'hospitalité !
S'il te plaît, de l'œuvre de tes mains,
Ton ami, Seigneur, souviens-toi ;
Car s'est évanoui tout espoir de vivre
Même si, désespérément,
Il s'y accroche !

En prière, elle reçoit ton appel,
Et de son « oui »
      À ton offre d'amour éternel,

Tu signais par ton Autographe du Verbe incarné,
La plus belle page
De l'histoire du monde.

Dans cette rencontre bouleversante
De la divinité et de l'humanité
Dans le sein de la Vierge,
Ton Fils devenait aussi le Fils de Marie,
Ton humble servante
Et que toutes les générations appellent
« La Bienheureuse » !

Sixième cantique

J'ai honte de t'importuner !
Toi seul peux me comprendre
Et me venir en aide, Dieu Sauveur ?
Le nomade ne s'installe
Que pour repartir, jamais ne s'établit.
Et cependant tu sais, Seigneur,
Comme il fait bon vivre chez soi
Cela fait plaisir.

J'ai honte de te présenter,
Ô Maître du Pardon,
Ces foules errantes
D'hommes et de femmes
D'Afrique souillée de sang… !

Paix, Paix, Paix, ta Paix !
Un vain mot !

Amour et Paix,
Réconciliation et Pardon,
Qui leur annoncera
Cette bonne nouvelle ?
Pour eux, tout est forêt
Opaque et obscure,
Sauvage et hostile.

Même la nature
A cessé de leur sourire !
La nuit passée à la belle étoile,
Tous à la merci des intempéries,
Exposés au danger des guêpes,
Des scorpions et des moustiques.
Qui oserait finalement se vanter
D'être à l'abri d'une visite nocturne
Des reptiles rampants
Dans leur domaine ?

Créateur de toutes choses,
Vois si l'étranger est bien considéré ;
Et le mendiant dans l'errance,
Sans logis, Qui l'épargnerait ?

Indifférence, dédain et mépris,
        Voilà le sort qu'on leur réserve.

L’exilé a cessé d’exister,
Il n’est bon qu’à l’opprobre, tu le sais,

Couvert d’injures et d’humiliations.
A peine au passage s’en trouvera-t-il
Un pour lui offrir l’hospitalité !
S’il te plaît, de l’œuvre de tes mains,
Ton ami, Seigneur mon Dieu,
Souviens-toi.

Septième cantique

Je te le demande, ô Prince de la paix ;
Combien de temps resteras-tu encore
Insensible et silencieux ;
Sans remuer les entrailles
De ta miséricorde
En faveur de ton peuple,
Affamé et malade ?

N'est-ce pas qu'à ton image
Comme à ta ressemblance
Tu nous as faits ;
Et nous sommes à toi, mon Dieu,
A faire droit à l'étranger,
Ne tarde pas !
N’est-il pas mon frère,
Cet exilé innocent ?

Jette sans tarder un regard de pitié
Sur la foule grouillante
D'orphelins et de veuves,
Qui, dans notre monde
Et devant ma porte,
Tombent comme des mouches,
Victimes d'injustice
Et de haine sans nom !

J'ai honte de mon Afrique endeuillée,
Pillée, saccagée, mise à feu et à sang.
J'ai honte.
J'ai honte de mon temps,
Le temps des hommes
Qui brandissent socles, haches
Et machettes.

Honte, oui, j'ai honte
De ce spectacle horrible et terrible
Des machettes tranchantes,
De ces massacres à l'épée !
Non que les canons et les bombes
Soient plus innocents
Et moins meurtriers !
Scène insoutenable !
Tristesse et désolation de voir
Tant de têtes coupées,
        De corps cruellement mutilés

Pour rien !
Aveu d'échec cinglant
Pour notre temps,
Pour l'homme qui se dit civilisé,
Pour l'homme qui tue son frère,
Et s'en moque éperdument,
Pour l'homme que je suis tout court.
Hommes de ce temps et de partout,
Des hommes sans-cœur et sans pitié !
Seigneur, ne tarde pas,
Viens à notre secours.

Huitième cantique

J'ai le cœur gros ;
Et mon cœur ne cesse de saigner
De jour et de nuit.
Il saignera encore longtemps !
Aussi ne laisse point triompher
Cette justice humaine !
Elle n'est qu'un leurre et vengeance,
Assouvissement
De ses bas instincts primaires
Et règlement de comptes,
Irrésistiblement !

J'ai honte de te demander
De faire pleuvoir sur ton peuple
Ta providence qui fait vivre

les oiseaux du ciel.
Souviens-toi de l'œuvre de tes mains.
Ne vaut-elle pas plus que ces moineaux
Et ces lys des champs qui vivent
Sans avoir à peiner ?
Sans doute avons-nous perdu
Notre âme et notre foi !
Que ne pourrions-nous pas
Mieux faire ?
Ne nous en tiens pas rigueur,
Patience éternelle !
Même si nous avons pactisé
Avec la nuit sans camarade ni témoin !

Tu le sais si bien, ô Seigneur,
Rappelle-toi ta déclaration solennelle :
« C'est ma paix que je vous laisse,
C'est ma paix que je vous donne. »

Où est-elle cette paix
Que je l'embrasse ?
Où se cache-t-elle ta paix de Pâques ?

Ah ! comme j'aimerais la partager
A tous mes frères humains,
A tous mes frères et sœurs
D'Afrique des tropiques,
Afrique noire,

Tous, compagnons de route
Et de destin,
Dans un monde solidaire,
Un monde en marche !

Pentecôte 1997.

[Lire Gn 1, Ps 84,4 // Mt 8,20 ; 6,26-27 ; Lc 9,58 // 2 Co 8,9]

Troisième motion
Je veux t'aimer, Seigneur !

« Je suis crucifié avec le Christ ;
Et ce n'est plus moi qui vis,
Mais le Christ qui vit en moi.
Ma vie présente dans la chair,
Je la vis dans la foi
Au Fils de Dieu qui m'a aimé
Et s'est livré pour moi. "
(Ga 2,19b-20).

Neuvième cantique

Je veux t'aimer, Seigneur,
Toi qui m'as aimé !
Parce que tu t'es livré pour moi,
Jusqu'à en mourir,
Je veux t'aimer, mon Dieu !
Jamais je ne pourrais t'aimer assez,
Parce que pour toi,
Jamais je ne pourrais assez souffrir
Comme tu as souffert pour moi.

Tu connais mes indécisions
De toujours,
Oui, je ne te laisse pas vivre en moi ;
Et je ne vis pas assez crucifié.
Le corps que j'ai,

Est une lourde machine
Qui refuse d'avancer à ton rythme,
Au rythme de ta croix d'amour.

T'aimer, Seigneur, m'est un délice.
Je ne voudrais plus vivre
Loin de ton amour.
Me laisser aimer par toi,
Me comble de joie et de paix intérieure.
Sans cesse t'aimer
Demeure un grand pari !
Ne me laisse pas m'égarer
Par l'amour qui passe sans lendemain,
Dans ton éternité bienheureuse.

Dixième cantique

Mon Dieu et mon amour,
Indique-moi la voie du vrai bonheur,
La route de l'unique vrai amour,
Ainsi je la prendrai pour aller vers toi.
Conduis-moi à l'école de ton amour
À l'école où l'on apprend à vivre
Et à aimer selon ta Loi.

Toi qui t'es livré pour moi
Jusqu'à en mourir sur une croix,
Ne me laisse jamais tomber
Quand bien même, sans le savoir,

J'aurai refusé ton amour
Qui pacifie mon âme de pèlerin.

Père du ciel,
Ma vie présente
Dans la chair d'homme,
Sollicitée par tant de plaisirs
De ce monde
Je veux la vivre autrement.

Onzième cantique

Apprends-moi la sagesse,
Que je n'oublie plus jamais
Combien tu m'as aimé,
Et combien tu continues
D'aimer tous les hommes.
« Selon ton apôtre Paul,
à peine voudrait-on
Mourir pour un homme juste ;
Pour un homme de bien,
Oui, peut-être osera-t-on mourir ;
Mais la preuve que Dieu nous aime,
C'est que le Christ est mort
Pour nous pécheurs.
Comme j'ai si peur de souffrir pour toi
Et de témoigner devant tous
Que je t'aime, toi mon rédempteur
Comme il m'en coûte de vouloir agir
Selon ton amour.

Fortifie ma volonté,
Remplis mon cœur de tendresse
Seulement pour toi, chaque jour.
Oui, quelle joie n'aurais-je pas,
Si je n'aimais que toi
Passionnément et sans partage.

Douzième cantique

Me voir t'aimer follement, Seigneur,
Comme toi tu m'as aimé
Jusqu'à en mourir sur une croix,
Ferait ton délice, je le sais.

Hélas, souvent j'ai manqué à ton appel,
Ainsi qu'à ton rendez-vous d'amour.
Ma croix, je me le demande,
Serait-elle plus lourde à porter ?

Viens vite à mon secours,
Que je prenne vite ma croix
La portant sur mes épaules,
Au nom de ton amour sans mesure
Pour moi jusqu'à en mourir !

Tu connais ma croix,
Elle est dans ma vie
De chaque jour :
Je veux Te préférer à tout autre,

Quoi qu'il arrive,
Quoi qu'il m'en coûte !

O Seigneur, le cœur se lie vite
À ce qui n'est pas toi ;
À ce qui m'éloigne de toi.
Le cœur est si vite porté
À pactiser avec la nuit
Et les ténèbres ;
S'imaginant y trouver son compte,
Il court au contraire à se perte
E s'abîme dans un abîme sans fond,
Il s'étiole et perd son âme,
Toute joie de vivre s'évanouit ;
Il s'anéantit vers la mort, loin de toi,
Qui es Vie, Chemin et Vérité !

Le jour que tu me donnes,
C'est le temps que tu m'offres
Pour t'aimer toi mon ami et mon père,
Répondre à ton amour,
Tu le sais si bien,
N'est pas, de toute évidence,
Si facile surtout si tu me laisses seul.
La santé et la réussite
Que tu me donnes,
C'est le signe que tu me fais
De ton amitié !
Oui, tout vient de toi,

Mais j'y pense si peu.
De toute éternité tu m'aimes
Sans que je ne le sache vraiment.

Treizième cantique

Comme la femme infidèle,
La prostituée, aux yeux de son Dieu,
Je viens à toi,
Comme au temps de ma Jeunesse
Pour me laisser séduire par ton cœur,
Parce que je t'aime,
Même dans mes égarements,
Dans mes bêtises
Comme dans mes infamies.

Et toi, ne te souviens-tu pas
De l'affection De ma jeunesse,
De l'amour de mes fiançailles ?
A l'instar d'Israël,
Oui j'étais dans le désert
« Une part sainte » pour toi, mon Dieu.

J'étais devenu une cible de ta séduction,
Ainsi, comme Jérémie,
Tu m'avais séduit,
Et je me suis laissé séduire,
Tu m'avais maîtrisé,

Et mon cœur avait cédé à tes conquêtes,
Mon Seigneur et mon ami !
« Tu as été le plus fort,
Et ton amour en mon cœur
Était comme un feu dévorant,
Enfermé dans mes os ! »

Éclaire mon entendement, Esprit-Saint,
Esprit d'amour et de vérité,
Afin que j'embrasse la Sagesse de Dieu
Qui renouvelle la face de la terre.

Dans la foi à Jésus ton Fils,
Mort pour nous,
Je prends le pari de mieux faire
Pour faire violence
À ma pauvre chair de péché,
Pour ne plus jamais
Succomber aux convoitises
De ce monde éphémère
Avec ses vains plaisirs, fugitifs !

Quand je me rebelle contre la croix,
Aide-moi, Seigneur, à me représenter
L'immense amour qu'elle nous révèle :
L'amour du Père pour les hommes
À travers le sacrifice de son Fils unique,
Le Bien-Aimé de Dieu.

Je ne me représente pas assez
Qu'aucun amour ici-bas
Ne sera à la hauteur de l'amour du Fils,
Crucifié pour nous, les pécheurs !
On ne fait pas du mal en aimant,
« Car l'amour ne fait rien d'inconvénient,
Et met sa joie dans la vérité ».

Quatorzième cantique

Et maintenant, Seigneur,
Qu'attends-tu encore de moi,
Je ne suis plus que pourriture
Et ordure dont on se débarrasse
Le soleil m'a brûlé et je suis desséché,
Mes sorties mondaines, tu les connais,
Je t'en supplie aujourd'hui,
Toi qui sais aimer ta créature,
Ne prends pas garde à mes plaies,
Baise-moi de tes lèvres de feu,
Tes amours sont plus que vivifiantes.

Vois,
Comme je voudrais paraître
Devant toi bien plus beau !
Purifie-moi et je redeviendrai
Pur comme neige,
Précieux comme l'or

Passé au creuset du feu !
Mon rêve est de chanter ton amour
Jusqu'au soir du temps
Que tu me donneras,
Car, je le sais, ton amour incomparable
Est fort comme la Mort.

Seigneur, toi que je veux aimer,
Que je veux apprendre à aimer
Sans jamais me lasser,
De jour et de nuit.
Seigneur, je suis malade d'amour,
Parce que je veux t'aimer,
Sans pouvoir vraiment y parvenir,
Je veux t'appartenir,
Sans pouvoir te plaire vraiment !

Sans doute avons-nous perdu
Notre âme et notre foi,
Que ne pourrions-nous pas
Mieux faire !
Ne nous en tiens pas rigueur,
Patience éternelle !
Même si nous avons pactisé
Avec la nuit
Sans camarade ni témoin !
Tu le sais si bien, mon Dieu !

Rappelle-toi ta déclaration solennelle :
« C'est ma paix que, je vous laisse,
C'est ma paix que je vous donne ».
Où est-elle cette paix
Que je l'embrasse !
Où se cache-t-elle ta paix ?
Ah ! comme j'aimerais la partager
À tous mes frères et sœurs
D'Afrique des Tropiques,
Mais aussi à tous mes frères humains,
Compagnons de route et de destin,
Dans un monde solidaire !

Au fil des rencontres
et des retrouvailles,
Ce vendredi 30 mai 1997.

Galates 2,19-20 // Romains 5, 7-8
1 Co 13,4-7; 1 Jn 4,7-5,4
Am 2,10:16-16; Jer2,2-3a ;20,7.9;
Ct 1, 2.6;5, 8,5-7.
« C'est pourquoi je vais 1a séduire
Je la conduirai au désert,
Et je parlerai à son cœur.
Là, je lui rendrai ses vignobles,
Et je ferai du val d`Akor une porte
d'espérance.
Là, elle répondra comme aux jours
De sa jeunesse…
« Je te fiancerai à moi pour toujours ;
Je te fiancerai dans la justice et dans le
Droit, dans la tendresse et la miséricorde ;
Je te fiancerai à moi dans la fidélité,
Et tu connaîtras Yahvé ».
(Am 2, 16.21-22).

Qui donc est celle-ci qui monte
Du désert appuyé sur son bien-aimé ?

Sous le pommier, je t'éveille, là où ta mère t'a enfantée ; là, elle t'a enfantée et mise au monde.

Pose-moi comme un sceau sur ton cœur, comme un sceau sur ton bras.

Car l'amour est fort comme la Mort, la passion, implacable comme l'Abîme : ses flammes sont des flammes de feu,
Fournaise divine.

(Ct 8,5-6)

Quatrième motion
Je tombe en admiration, Seigneur

« Voici que l'Ange du Seigneur apparaît en
Songe à Joseph et lui dit : « Lève-toi, prends
L'enfant et sa mère, et fuis en Égypte ; restes-y
Jusqu'à ce que je te dise. »
(Mt 2,13-14).

Quinzième cantique

Aujourd'hui comme hier,
Dans ton dessein d'amour,
Dieu de Jésus-Christ,
Afin que l'aujourd'hui
N'effraie personne,
Ni aucun de ceux que tu te choisis
Pour ton service dans l'Eglise,
Tu te révèles
Le Dieu proche et lointain,
Libérateur et Père de ton peuple.

Je tombe en admiration
Pour Marie et Joseph
Que ton dessein d'amour a unis.
La qualité de leur foi
Et de leur espérance
Va de pair avec l'excellence

De leur amour
L'un pour l'autre,
Et envers toi Dieu éternel.

Je te contemple, ô mon Dieu
En Marie ta fille de prédilection,
Fille Nazareth parmi tant d'autres.
Son humble pèlerinage en Galilée
Est une simple histoire
D'une jeune fille pieuse
Respectueuse des traditions
De ses Pères.

Seizième cantique

Quel destin riche en événements
Que celui d'une pèlerine
À l'aube du temps,
Que tu as rendu Mère de ton Fils,
Afin que, par ton bon vouloir divin,
Elle fut la figure par excellence
De l'homme sur la route
En quête d'éternité,
Elle avait déjà choisi son chemin
Et son choix était désormais connu :
« Qu'il m'advienne, s'exclama-t-elle,
Selon ta parole, car qui suis-je,
Sinon la petite servante du Seigneur ! »
Dès lors, tu faisais de Marie et Joseph

Un couple de pèlerins modèles
Allant dans une entente
Parfaite et secrète,
Non sans peine et douleur,
Mais attentif à la voix de l'Esprit,
Disponible et docile
À ton appel d'en haut.

Dix-septième cantique

Quel merveilleux parcours
D'amour conjugal :
Dans son trouble,
Joseph prit le temps d'une réflexion
Avant de comprendre
Ce qu'il en était advenu à Marie.
À son tour, et en songe,
Joseph reçoit une mission,
Mis devant une vocation nouvelle :
Par son acceptation libre,
Il accueillait en Jésus Fils de Marie,
Un héritier sur te trône royal !

En Marie, par Joseph, ton ami,
Jésus recevait une terre,
Celle d'Israël, en juif authentique
Ayant une nation, une famille,

Celle de Joseph de la lignée de David,

Premier roi d'Israël.
Ainsi, Joseph prenait l'initiative
Dans sa foi,
De précéder une foule innombrable
De témoins marcheurs
Sur la route du royaume,
Parfois désabusés de la vie.

Comment ne pas tomber en admiration
Devant une telle simplicité de vie
Joseph le charpentier, l'homme juste,
Le père protecteur du Sauveur
Quel paradoxe !
Qu'elle sublime vocation !

Dieu des surprenants appels,
Laisse-moi te découvrir
Dans l'admiration que j'ai
Sur le charpentier de Nazareth,
Devancier magnifique
Sur la route de la foi,
De l'obéissance et de l'espérance,
Du respect et de la discrétion,
Joseph, l'homme juste
Et loyal époux de la Vierge.

Dix-huitième cantique

Oui, l'Esprit attendait Marie et Joseph
À la croisée des chemins.
Troublés et déboussolés,
Marie avait tiqué
Et Joseph gémit en lui-même,
Tous deux s'interrogeant sur le sens
Du message céleste. Quel dilemme !
Au carrefour de l'Esprit,
Marie et Joseph empruntèrent
Pour le bonheur
De toutes les générations,
Une route tapissée qui part
De Nazareth à Bethléem,
Village de l'Emmanuel.

C'est là, en effet, ô Dieu d'amour,
Que de toute éternité
Tu fixas le rendez-vous
De la rencontre, en une personne,
De l'homme et de Dieu,
À tous ceux qui, dans la foi et la prière,
Te cherchent et te servent nuit et jour.

Je tombe eu admiration, Seigneur,
Devant Marie ta fille et ta servante :
Tu fis pour elle des merveilles :
Elle est devenue la Mère bienheureuse

Et immaculée de ton Fils
Né à Bethléem.

Dix-neuvième cantique

Confie-moi le secret de ton cœur orant,
Dis-moi la joie qui faisait ton bonheur
À la crèche de Bethléem
Devant ton petit tout mignon
Jésus silencieux.

A Jérusalem, ville sainte de Dieu,
Tu as conduit ce premier enfant mâle,
Pour l'offrir généreusement à son Père,
D'où il était venu,
Car avant les siècles il était.

O combien contagieuse fut ta sérénité
Te portant présente au cénacle,
Au milieu des disciples
Désemparés, réunis en prière,
Dans l'attente de l'annonce
De l'unique Bonne Nouvelle
De la résurrection de Jésus Christ,
Ton Fils rédempteur !

Marie, ta foi sublime et ton amour
Sont pour le peuple de l'Alliance,
Peuple pèlerin,
Une lumière dans la nuit des temps.

Mère de la Vie, Marie Immaculée,
Tu es l'intime de l'Esprit de Dieu,
Et tu es devenue pour le monde
L'habitacle des grâces de ton Fils,
« Lumière née de la Lumière,
Vrai Dieu né du vrai Dieu » !

Mon admiration pour toi, ô mère,
Me pousse à te dire ce qui me tient
À cœur et ma pensée s'envole vers toi
Pour m'associer à prière au Père.

Que le ciel fasse pleuvoir sa pluie
En abondance
Et notre terre à nouveau
Germera et fleurira.

J'attends le jour,
Je guette l'aurore du jour divin,
Qui me fera bondir comme la gazelle
Sous les tropiques
De notre chère et fière Afrique,
Dans les verts pâturages,

Aux sources de la vie.
La tendresse de ton cœur maternel
Essuiera de mes yeux
Les larmes de deuil
Que, dans ma vie,
J'aurai porté.

Bienheureuse es-tu
À tout jamais, Marie,
Toi qui as cru à l'accomplissement
De ce qui t'a été dit
De la part du Seigneur,
Ton Dieu et ton Créateur.

Vingtième cantique

Au bord du chemin, douce Mère,
Je suis le fils prodigue,
L'aveugle et le muet,
Le paralytique et le mendiant.
Oui, grande est, devant Jésus ton fils,
Mon infirmité spirituelle et morale.

Mère de miséricorde,
Interviens pour moi,
Quand mon cri monte vers le ciel.
Je suis en effet un pèlerin du désert
En quête du bonheur et de libération.

Souviens-toi de ton enfant que je suis,
Lâché et jeté dans un monde
De contradictions et de haine,
Un monde affamé de Dieu.

Quand mon cri de détresse
Te parviendra,
Fais qu'il devienne
Un cri de joie et de foi,
Un cri d'espérance,
Un cri d'amour pour Dieu.
Aide-moi à espérer sans cesse.

Sois à jamais notre mère chérie
Qui prie avec nous, à genoux,
Pour la gloire de l'Agneau pasteur,
de l'Agneau vainqueur, ton Fils.

Dimanche 11 mai 1997.
En ce mois le plus beau,
Mois de Mai consacré
à la Sainte Vierge Marie,
Mère de Dieu, ce 22 mai 1997.

« Mon âme exalte le Seigneur,
Exulte mon esprit en Dieu mon Sauveur,
Il s'est penché sur son humble Servante
Désormais tous les âges me diront Bienheureuse
Le Puissant fit pour moi des merveilles,
Saint est son nom.
Son amour s'étend d'âge en âge,
Sur ceux qui le craignent ;
Déployant la force de son bras,
Il disperse les superbes
Il renverse les puissants de leurs trônes,
Il élève les humbles,
Il comble de biens les affamés,
Renvoie les riches les nains vides,
Il relève Israël son serviteur,
Il se souvient de son amour,
De la promesse faite à nos Pères
En faveur d'Abraham
Et de sa race à jamais ».

Cinquième motion
Mes yeux tournés vers toi, Agneau de Dieu !

« Voici l'Agneau de Dieu
Qui enlève le péché du monde »
« Jn 1,29 »

Vingt-et-unième cantique

J'espère, je crois et je t'aime,
O mon Dieu, à la suite de Marie
Qui se tenait près de la croix de Jésus,
Ton Fils et notre Maître.
Et près d'elle se tenait aussi
Le disciple qu'il aimait
Pour un unique témoignage
De foi et de fidélité au Christ,
Immolé pour le salut du monde.

Esprit Saint, viens illuminer mes pas
Jusqu'au jour de la rencontre éternelle
Avec Jésus mon rédempteur,
L'Agneau immolé.

Conduis-moi à sa fête
Où sont conviés
Tous les élus célestes

Pour chanter un cantique nouveau
Aux noces de l'Agneau
Devant le trône de majesté éternelle.

Des souffrances,
Des pleurs et des larmes,
Il n'y en aura plus ;
L'ancien s'en est allé,
La haine, le désespoir et la honte,
Auront disparu
Sur toute la surface de la terre ;
Et à jamais, le malin a déguerpi !

Je suis vivant à jamais,
Car le Maître de la Vie
Aura fait toutes choses nouvelles
Pour les siècles sans fin.

Vingt-deuxième cantique

Mes yeux sont tournés vers toi,
Agneau de Dieu, tu es ma vie.
Je n'ai pas d'autre bonheur que toi
Tu es mon Dieu.
Toi le serviteur parfait,
Obéissant, Dieu de douceur,
D'humilité et de paix,
Dieu de tendresse,
De patience et d'amour.

Agneau de Dieu, tu me fais signe
De courir vers tes prairies,
Où je trouverai un lieu de consolation,
Où je boirai l'eau de vie gratuitement.

Tu es là ! Apprends-moi ton langage
Qui se dit silence et innocence.
Victime offerte, tu es le pain de vie
Donné au voyageur en marche
Vers ton royaume de justice
Et de vérité.

C'est dans cette vérité
Que tu as consacré le monde
À ton Père,
Afin que nous devenions capables
De vivre de ton ordre :
« Faites ceci en mémoire de moi ».

Ainsi, chaque fois que ton Eglise
Fait mémoire de ton sacrifice,
C'est à toi qu'elle pense,
Agneau de Dieu,
C'est toi qu'elle célèbre et magnifie,
Afin que les pécheurs accèdent
Plus dignes à ta table et à ton festin.

Vingt-troisième cantique

En même temps que je m'associe
À la suprême louange à ton Père,
Ô mon Jésus bien-aimé,
Mes yeux sont tournés vers toi,
Car tu es l'Agneau de Dieu
Qui enlève le péché du monde.

Vers toi je tourne mon regard,
Toi qui fais rémission aux égarés
Qui s'humilient
Et implorent ta miséricorde
Ton sang versé nous a obtenu
Le rachat et le pardon du péché.

Quand donc nous crierons vers toi,
« Jésus, Fils de David,
Aie pitié de nous »,
Ne sois pas sourd,
Exauce-nous toujours.

Nos yeux sont tournés vers toi,
Agneau sans faute, offrande d'amour.
Apprends-moi à servir ton Père ;
Sans broncher devant les attaques
Et les jugements sommaires de ce monde.

Vingt-quatrième cantique

Agneau pascal, tu me fais signe
Toi qui m'aimes d'un amour
De prédilection.
Ta victoire du tombeau m'ouvre
Une route vers les demeures
de sécurité et de paix.
Tu me soutiens et me fais avancer,
Par ta parole et ta manne
Qui est ton corps.

Agneau de Dieu, je veux être ton messager
À la manière de Jean-Baptiste, ton prophète.
Je dirai à mes frères que tu es là avec nous,
Que tu es venu dans le monde
Pour réhabiliter les hommes de ce monde.

Je leur dirai combien tu es proche
De ceux qui désespèrent de la vie,
Et qui n'ont de force que toi
Pour continuer la route ;
Sois pour tes disciples Lumière
Qui éclaires nos ténèbres,
Appui et rempart !
Je dirai que près de toi
Se trouvent le pardon, l'espoir et la vie,
Tu viens à la rencontre de tes amis,
Tu les accueilles dans la maison

De ton Père et tu leur fais la fête
Des retrouvailles et de l'amitié.

Vingt-cinquième cantique

Agneau, tu es le mystère de l'amour,
Le symbole du pardon
Et de la miséricorde
Agneau tu sauves ton peuple,
Tu donnes ta vie
En rémission des péchés.
Ton sang nous a rachetés
Et nous a ainsi rendu la vie.
Ainsi notre mission au milieu
Du monde sera de révéler
Ta présence dans ta parole,
Dans ton eucharistie,
Et dans ton amour.

Fais-nous chanter un cantique nouveau
Cantique d'amour et des délices.
Rends à mon âme la pureté
et la candeur de sa jeunesse.
Mon Dieu, crée pour moi un cœur pur,
Restaures-en ma poitrine un esprit ferme

Ne me repousse pas loin de ta face,
Ne m'enlève pas ton esprit de sainteté.
Rends-moi la joie de ton salut,
Assure en moi un esprit magnanime.
Aux pécheurs j'enseignerai tes voies,
A toi se rendront les égarés (Ps 51,12 sq).

Seigneur, oui, je serai ton messager
Et je t'accompagnerai
Partout où tu iras,
Afin que près de toi
Je sois à jamais avec toi
A la gloire de ton nom !

Prêtre, je célèbre et célébrerai toujours
Ce mémorial eucharistique d'amour
Avant tout pour ton peuple et pour moi-même,
En rémission de nos péchés !
Que de fois n'ai-je pas été saisi
De frayeur,
Quand je considère l'abîme
Qui me sépare de toi
Dans ce grand et insondable mystère
De ta présence salvifique
Sous le signe de pain et de vin !

Je ne serai jamais assez digne
De t'approcher
Ni de célébrer un si grand mystère
De notre salut !
Et cependant tu as osé me dire
De « faire cela en mémoire de toi » !
Laisse-moi donc tomber à genoux
Et te contempler avec Marie,
Reine céleste,
Avec les Anges et tous les saints,
Dans une louange incessante
Et de reconnaissance de ton cœur
Fou d'amour pour notre humanité !

Jn 1, 29.36;21,15
Ap 14 ;17,14 ; 19,7.9 ; 21,9.14.22.23.27 ; 22,1.3) ;
Lc 10,3 : « Je vous envoie comme des agneaux au milieu des loups »
Ac 8,32 : « Comme un agneau muet devant qui le tond… »
1 P 1,19 : « Comme un agneau sans défaut et sans tache… »
Gn 22,7-8 : « Où est l'agneau pour l'holocauste ? Dieu saura voir l'agneau pour l'holocauste, mon fils ».
Is 11,6 : « Le loup habitera avec l'agneau ».
Is 65,25 : « Le loup et l'agneau brouteront ensemble ».
Is 53,7 : « Comme un agneau traîné à l'abattoir… »
Jr 11.19 : « Moi j'étais comme un agneau docile, mené à la boucherie ». (cf. Ps 44,12.23)
2 Ch 35,13 : « Ils firent cuire sur le feu l'agneau pascal selon la règle ».

À « Mama ya Luzingu » Mère de la Vie,

Sainte Vierge Marie, toi l'Immaculée Conception, tu es *Mama ya Luzingu*, Mère de Dieu. Que ton obéissance et ta foi m'aident à vivre une vie chrétienne conforme, en tout temps, à l'Évangile de Jésus ton Fils. Glorieuse Maman du ciel, laisse-moi me mettre à l'abri de ta douce miséricorde, quand, dans cette vallée des larmes, je suis à bout de force, ne pouvant plus facilement reprendre la route. Que l'exemple de ta vie me fasse vivre les merveilles que Dieu a promises aux humbles et aux petits. Je te choisis aujourd'hui comme modèle incomparable de service et de fidélité au Seigneur. Humblement, je m'abandonne entre tes mains, et je me consacre tout entière, corps et âme, à toi *Mama ya Luzingu*, Mère immaculée, afin que, par ton intercession, ma vie soit sans cesse renouvelée par l'action de l'Esprit-Saint. Fais que ma consécration de ce jour s'élève comme une offrande agréable à Dieu, par le Seigneur Jésus-Christ, notre Rédempteur. Amen. ***[1 Pater noster, 5 Ave Maria, 1 Gloria]***

Mère de toutes nos vies

(par Saint Jean-Paul II)

Mère de toutes nos routes tortueuses
et de toutes nos vies fracturées,
accorde-nous, toi pleine de grâce,
de vivre dans la grâce et de persévérer.

Reçois-nous avec nos problèmes quotidiens,
nos déficiences,
nos crises personnelles, familiales, sociales.
Par ta prière, obtiens-nous la justice.

Nous te confions et te consacrons
tous ceux qui sont rejetés,
tous ceux qui ont la nostalgie d'un abri,
et tous ceux qui se sentent seuls.

Répands dans notre cœur à tous
la sagesse de la paix,
la force de la justice
et la joie de l'amitié.

Sommaire

Antoine-Vital MBADU KWALU,
Prêtre de Boma / R.D. Congo.

Printed by Books on Demand GmbH, Norderstedt / Germany